초등학생을 위한
바른 손글씨
동시 쓰기 55

편집부 지음

도서출판 큰그림

초등학생을 위한
바른 손글씨 동시 쓰기 55

초판 발행 · 2021년 11월 1일
초판 7쇄 발행 · 2025년 7월 25일

지은이 편집부
펴낸이 이강실
펴낸곳 도서출판 큰그림
등 록 제2018-000090호
주 소 서울시 마포구 양화로 133 서교타워 1703호
전 화 02-849-5069
팩 스 02-6004-5970
이메일 big_picture_41@naver.com

디자인 예다움
인쇄와 제본 미래피앤피

가격 8,500원
ISBN 979-11-90976-09-1 73710

- 잘못된 책은 구입한 서점에서 바꿔 드립니다.
- 이 책의 저작권은 도서출판 큰그림에 있으므로 실린 글과 그림을 무단으로 복사, 복제, 배포하는 것은 저작권자의 권리를 침해하는 것입니다.
- 이 책에 사용된 일부 낱말의 뜻은 〈표준국어대사전〉을 참고하였습니다.
- 사진 출처 : 〈게티이미지뱅크〉

머리말

이 책에 수록된 동시를 따라 쓰기 전에 천천히 한 번 읽어 보세요. 동시의 운율에 리듬을 타며 노래를 하듯 아름다운 단어들이 박자에 맞춰 귀에 쏙쏙 들어옵니다. 동시를 많이 읽으면 어린이들이 우리말이 갖고 있는 뜻과 느낌에 한 층 더 가까워질 거예요.

〈바른 손글씨 **동시 쓰기 55**〉를 천천히 또박또박 따라 써 보세요. 아름답고 재미있는 동시 55편을 두세 번씩 따라 쓰고, 24~18포인트까지 다양한 크기의 글씨 연습을 할 수 있도록 편집했습니다. 연습할 글씨 서체는 '마루부리' 서체로 어린이들의 바른 글씨 모양을 만드는 연습을 하기에 좋은 글씨입니다.

창조적이고 다양한 단어를 써 보기 때문에 어휘력이 높아지고 어린이들의 감성이 더욱 풍부해질 거예요.

도서출판 큰그림 편집부

목차

첫째 마당
글씨 크기 24pt

윤동주
- 나무 ········· 8
- 봄 ·········· 10
- 호주머니 ······· 12
- 오줌싸개 지도 ···· 14
- 눈 ·········· 16
- 병아리 ········ 18
- 귀뚜라미와 나와 ··· 20
- 굴뚝 ········· 22
- 빗자루 ········ 24

김소월
- 엄마야 누나야 ···· 28
- 산유화 ········ 30

서덕출
- 봄 편지 ······· 34
- 버들피리 ······· 36
- 1, 2, 3, 4, 선생 ···· 38
- 봉선화 ········ 40
- 눈은 눈은 ······ 42
- 밤 시계 ······· 44
- 눈꽃송이 ······· 46

글씨 크기 22pt

정지용
- 호수 ········· 50
- 별똥 ········· 52
- 홍시 ········· 54
- 바람 ········· 56
- 할아버지 ······· 58
- 굴뚝새 ········ 60
- 해바라기 씨 ····· 62
- 비둘기 ········ 66

권태응

- 감자꽃 … 68
- 산 샘물 … 70
- 오리 … 72
- 코스모스 … 74
- 땅감나무 … 76
- 앵두 … 78
- 춥긴 뭐 추워 … 80
- 더위 먹겠네 … 82
- 바쁜 엄마 … 84
- 한동네 사람 … 86

글씨 크기 20pt

윤동주

- 무얼 먹고 사나 … 88
- 조개껍질 … 90
- 아기의 새벽 … 92
- 햇빛·바람 … 94
- 편지 … 96

방정환

- 늙은 잠자리 … 98
- 귀뚜라미 소리 … 100

글씨 크기 18pt

권태응

- 탱자 … 102
- 장맛비 갠 날 … 104
- 엄마 손 … 106
- 추석날 … 108
- 논밭으로 … 110

둘째 마당
자유롭게 쓰기

- 형제 별(방정환) … 114
- 여름비(방정환) … 116
- 눈 뜨는 가을(서덕출) … 118
- 도토리들(권태응) … 120
- 햇비(윤동주) … 122
- 두껍아 두껍아(전래 동요) … 124
- 소나무(김시습) … 126

첫째 마당에서는
아름답고 재미있는 동시 48편을 글씨 크기에 따라 24~18포인트까지 다양하게 연습니다.
따라 쓰며 연습할 글씨 서체는 '마루부리' 서체로 예쁜 글씨 쓰는 연습에 도움이 됩니다.

글씨 크기 24pt
마루부리 서체 → 나무가 세로 길이 8mm

글씨 크기 22pt
손바닥 세로 길이 7.4mm

글씨 크기 20pt
바닷가 세로 길이 6.7mm

글씨 크기 18pt
가을이 세로 길이 6.4mm

나무

윤동주 | 글씨 크기 24pt

1. 나무가 춤을 추면

2. 바람이 불고,

3. 나무가 잠잠하면

4. 바람도 자오.

1 --

2 --

3 --

4 --

봄

윤동주 | 글씨 크기 24pt

1. 우리 아기는

2. 아래 발치에서 코올코올,

3. 고양이는

4. **부뚜막**에서 가릉가릉

부뚜막 : 아궁이 위에 솥을 걸어 놓는 언저리.

5 아기 바람이

6 나뭇가지에 소올소올

7 아저씨 해님이

8 하늘 한가운데서 째앵째앵.

호주머니

윤동주 | 글씨 크기 24pt

1. 넣을 것 없어

2. 걱정이던

3. 호주머니는

4. 겨울만 되면

5. 주먹 두 개 갑북갑북.

오줌싸개 지도

윤동주 | 글씨 크기 24pt

1
빨랫줄에 걸어 논

2
요에다 그린 지도

3
지난밤에 내 동생

4
오줌 싸 그린 지도

5
꿈에 가 본 엄마 계신

6
별나라 지돈가.

7
돈 벌러 간 아빠 계신

8
만주 땅 지돈가.

만주 : 중국 둥베이(東北) 지방을 이르는 말로, 동쪽과 북쪽은 러시아와 접해 있고, 남쪽은 압록강과 두만강을 경계로 한반도와 접해 있다.

눈

윤동주 | 글씨 크기 24pt

1. 지난밤에

2. 눈이 소오복이 왔네

3. 지붕이랑

4. 길이랑 밭이랑

5 추워한다고

6 덮어 주는 이불인가 봐

7 그러기에

8 추운 겨울에만 내리지

병아리

윤동주 | 글씨 크기 24pt

1
"뾱, 뾱, 뾱

2
엄마 젖 좀 주."

3
병아리 소리.

4
"꺽, 꺽, 꺽

5
오냐, 좀 기다려."

6
엄마 닭 소리.

7 좀 있다가

좀 있다가

8 병아리들은

병아리들은

9 엄마 품속으로

엄마 품속으로

10 다 들어갔지요.

다 들어갔지요.

1

2

3

4

5

6

7

8

9

10

귀뚜라미와 나와

윤동주 | 글씨 크기 24pt

1
귀뚜라미와 나와

2
잔디밭에서 이야기했다.

3
귀뚤귀뚤

4
귀뚤귀뚤

5. 아무에게도 알으켜 주지 말고

6. 우리 둘만 알자고 약속했다.

7. 귀뚤귀뚤

8. 귀뚤귀뚤

9. 귀뚜라미와 나와

10. 달 밝은 밤에 이야기했다.

굴뚝

윤동주 | 글씨 크기 24pt

1
산골짜기 오막살이 낮은 굴뚝엔

2
뭉게뭉게 웬 연기 대낮에 솟나.

3
감자를 굽는 게지 총각애들이

4
깜박깜박 검은 눈이 모여 앉아서,

오막살이 : 오두막처럼 작고 초라한 집.

5
입술에 꺼멓게 숯을 바르고

6
옛이야기 한 커리에 감자 하나씩,

7
산골짜기 오막살이 낮은 굴뚝엔

8
살랑살랑 솟아나네 감자 굽는 내.

빗자루

윤동주 | 글씨 크기 24pt

1

요오리조리 베면 저고리 되고

2

이이렇게 베면 큰 총 되지.

3

누나하고 나하고

4

가위로 종이 쏠았더니

5
어머니가 빗자루 들고

6
누나 하나 나 하나

7
엉덩이를 때렸소

8
방바닥이 어지럽다고 –

− 다음 페이지에 이어서 −

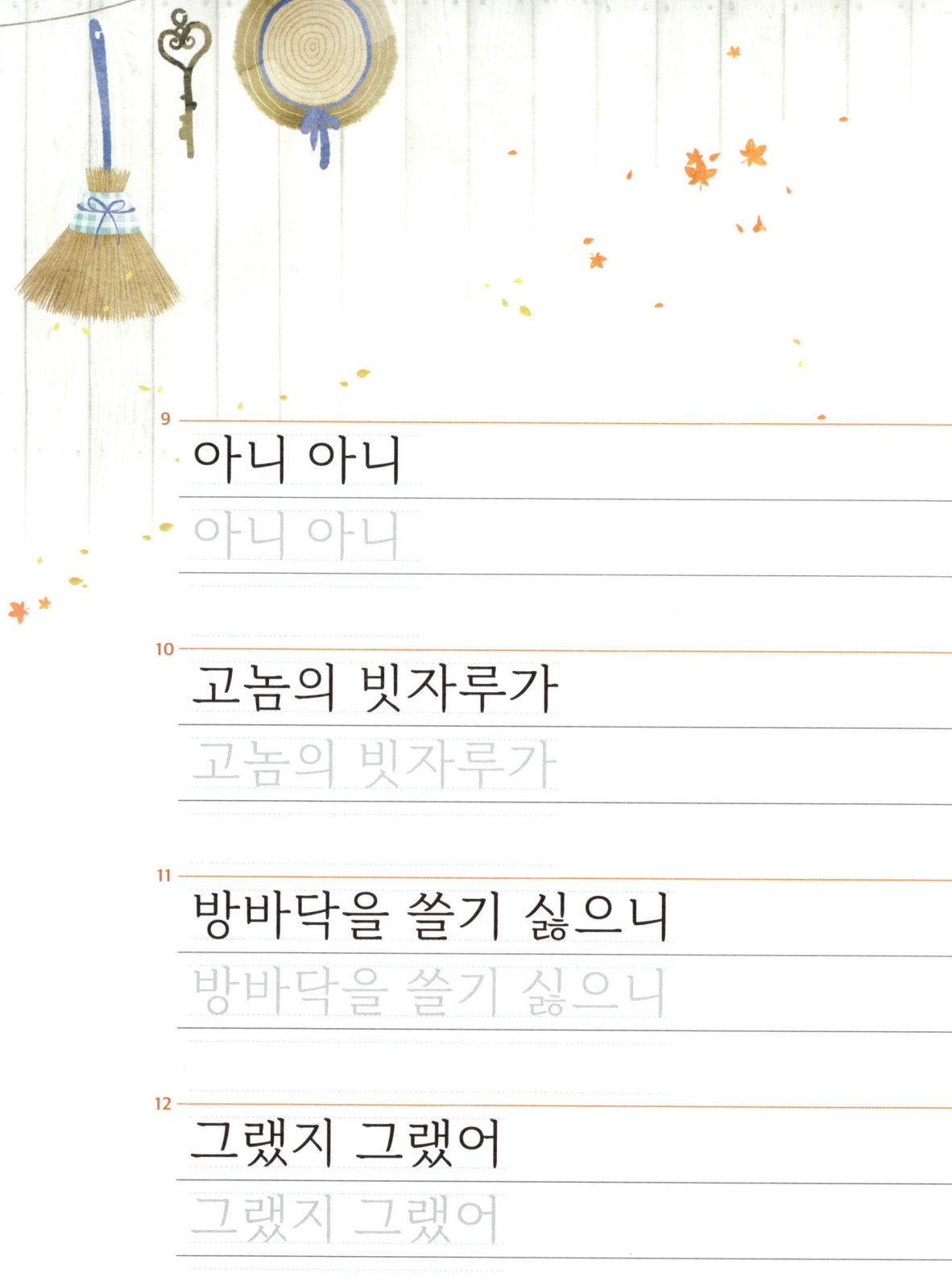

9
아니 아니
아니 아니

10
고놈의 빗자루가
고놈의 빗자루가

11
방바닥을 쓸기 싫으니
방바닥을 쓸기 싫으니

12
그랬지 그랬어
그랬지 그랬어

13
괘씸하여 벽장 속에 감췄더니

14
이튿날 아침

15
빗자루가 없다고

16
어머니가 야단이지요.

엄마야 누나야

김소월 | 글씨 크기 24pt

1. 엄마야 누나야 강변 살자.

2. 뜰에는 반짝이는 금모래빛,

3. 뒷문 밖에는 **갈잎**의 노래

4. 엄마야 누나야 강변 살자.

갈잎 : 갈대의 잎.

산유화

김소월 | 글씨 크기 24pt

1
산에는 꽃 피네.
산에는 꽃 피네.

2
꽃이 피네.
꽃이 피네.

3
갈 봄 여름 없이
갈 봄 여름 없이

4
꽃이 피네.
꽃이 피네.

갈 : '가을'의 준말.

5. 산에

산에

6. 산에

산에

7. 피는 꽃은

피는 꽃은

8. 저만치 혼자서 피어 있네.

저만치 혼자서 피어 있네.

- 다음 페이지에 이어서 -

9. 산에서 우는 작은 새여.

10. 꽃이 좋아

11. 산에서

12. 사노라네.

13
산에는 꽃 지네.

14
꽃이 지네.

15
갈 봄 여름 없이

16
꽃이 지네.

봄 편지

서덕출 | 글씨 크기 24pt

1
연못가에 새로 핀

2
버들잎을 따서요

3
우표 한 장 붙여서

4
강남으로 보내면

5
작년에 간 제비가

6
푸른 편지 보고요

7
대한 봄이 그리워

8
다시 찾아옵니다.

강남 : 중국 양쯔강의 남쪽 땅을 이르는 말. 흔히 남쪽의 먼 곳이라는 뜻으로 쓴다.

1
2
3
4
5
6
7
8

버들피리

서덕출 | 글씨 크기 24pt

1. 버들피리 봄인 듯이

2. 소리가 고와

3. 진달래꽃 빵실빵실

4. 웃고 핍니다.

버들피리 : 버들잎을 접어 물고 피리 소리처럼 부는 것.

5
버들피리 봄 저녁에

6
불어 날리며

7
별님이 너도나도

8
내다봅니다.

1, 2, 3, 4, 선생

서덕출 | 글씨 크기 24pt

1
나는 학교 조그마한

2
학생이지만

3
집에 와서는 두말없이

4
선생이란다.

5
우리 동무 둘 셋을

6
데려다 놓고

7
1, 2, 3, 4, 가르치는

8
선생이란다.

봉선화

서덕출 | 글씨 크기 24pt

1. 옛날의 왕자 별을

2. 못 잊어서요.

3. 새빨간 치마 입은

4. 고운 색시가

5 흩어진 봉선화를

6 고이 모아서

7 올해도 손끝에

8 물들입니다.

눈은 눈은

서덕출 | 글씨 크기 24pt

1. 눈은 눈은 하늘에 설탕일까요

2. 설탕이면 달지 않고 이만 시릴까?

3. 눈은 눈은 하늘에 소금일까요

4. 소금이면 짜지 않고 이만 시릴까?

5 눈은 눈은 하늘에 떡가루일까요

6 떡가루면 떡 장수 걸어 안 갈까?

7 눈은 눈은 하늘에 분가루일까요

8 분가루면 색시가 걸어 안 갈까?

분가루 : 화장하는 데 쓰는 분의 가루.

밤 시계

서덕출 | 글씨 크기 24pt

1. 딸깍딸깍 시계가

2. 딸깍거리네.

3. 벽 위에 걸려 있는

4. 시계가 딸깍

5 밤이면 우는 애도

6 잠을 자는데

7 시계만 잠 안 자고

8 딸깍거리네.

눈꽃송이

서덕출 | 글씨 크기 24pt

1. 송이송이 눈꽃송이

2. 하얀 꽃송이

3. 하늘에서 피어 오는

4. 하얀 꽃송이

5
나무에나 뜰 위에나

6
동구 밖에나

동구 : 동네 어귀.

7
골고루 나부끼니

8
보기도 좋네.

- 다음 페이지에 이어서 -

9
송이송이 눈꽃송이

10
하얀 꽃송이

11
하늘에서 피어 오는

12
하얀 꽃송이

13
크고 작은 오막집을

14
가리지 않고

15
골고루 나부끼니

16
보기도 좋네.

호수

정지용 | 글씨 크기 22pt

1
얼굴 하나야

2
손바닥 둘로

3
폭 가리지만,

4
보고 싶은 마음

5
호수만 하니

6
눈 감을밖에.

1 ----

2 ----

3 ----

4 ----

5 ----

6 ----

별똥

정지용 | 글씨 크기 22pt

1. 별똥 떨어진 곳,

2. 마음에 두었다

3. 다음날 가 보려,

4. 벼르다 벼르다

5. 이젠 다 자랐소.

1
2
3
4
5

홍시

정지용 | 글씨 크기 22pt

1. 어저께도 홍시 하나.

2. 오늘에도 홍시 하나.

3. 까마귀야. 까마귀야.

4. 우리 나무에 왜 앉았나.

5
우리 오빠 오시걸랑.
우리 오빠 오시걸랑.

6
맛 보여 줄라고 남겨 뒀다.
맛 보여 줄라고 남겨 뒀다.

7
후락 딱 딱
후락 딱 딱

8
훠이 훠이!
훠이 훠이!

바람

정지용 | 글씨 크기 22pt

1
바람.

바람.

2
바람.

바람.

3
바람.

바람.

4
너는 내 귀가 좋으냐?

너는 내 귀가 좋으냐?

5

너는 내 코가 좋으냐?

너는 내 코가 좋으냐?

6

너는 내 손이 좋으냐?

너는 내 손이 좋으냐?

7

내사 온통 빨개졌네.

내사 온통 빨개졌네.

8

내사 **아무치도** 않다.

내사 아무치도 않다.

9

호호 추워라 **구보**로!

호호 추워라 구보로!

내사 : 나는.
아무치도 : 아무렇지도.
구보 : 달리기.

할아버지

정지용 | 글씨 크기 22pt

1. 할아버지가

2. 담뱃대를 물고

3. 들에 나가시니,

4. 궂은 날도

5. 곱게 개이고,

도롱이 : 짚, 띠 따위로 엮어 옛날에 주로 농촌에서 일할 때 비가 오면 사용하던 비옷이에요.

6 할아버지가

7 도롱이를 입고

8 들에 나가시니,

9 가문 날도

10 비가 오시네.

굴뚝새

정지용 | 글씨 크기 22pt

1
==굴뚝새== 굴뚝새

2
어머니 –

3
문 열어 놓아 주오, 들어오게

4
이불 안에

==굴뚝새== : 나무발바릿과의 새. 몸의 길이는 6~7cm.
진한 갈색에 검은 갈색의 가로무늬가 있다.

5
식전 내 – 재워 주지

6
어머니 –

7
산에 가 얼어 죽으면 어쩌우

8
박쪽에다

9
숯불 피워다 주지

해바라기 씨

정지용 | 글씨 크기 22pt

1. 해바라기 씨를 심자.
해바라기 씨를 심자.

2. 담 모퉁이 참새 눈 숨기고
담 모퉁이 참새 눈 숨기고

3. 해바라기 씨를 심자.
해바라기 씨를 심자.

4. 누나가 손으로 다지고 나면
누나가 손으로 다지고 나면

괭이 : '고양이'의 준말.

5 바둑이가 앞발로 다지고

6 괭이가 꼬리로 다진다.

7 우리가 눈 감고 한밤 자고 나면

8 이슬이 내려와 같이 자고 가고,

- 다음 페이지에 이어서 -

우리가 이웃에 간 동안에

햇빛이 입 맞추고 가고,

해바라기는 첫 색시인데

사흘이 지나도 부끄러워

고개를 아니 든다.

14 가만히 엿보러 왔다가

15 소리를 꽥! 지르고 간 놈이 —

16 오오, 사철나무 잎에 숨은

17 청개구리 고놈이다.

비둘기

정지용 | 글씨 크기 22pt

1. 저 어느 새 떼가 저렇게 날아오나?

2. 저 어느 새 떼가 저렇게 날아오나?

3. 사월달 햇살이

4. **물농오리** 치듯 하네.

물농오리 : 물너울.

5. 하늘바라기 하늘만 치어다보다가

6. 하마 자칫 잊을 뻔했던

7. 사랑, 사랑이

8. 비둘기 타고 오네요.

9. 비둘기 타고 오네요.

감자꽃

권태응 | 글씨 크기 22pt

1. 자주 꽃 핀 건 자주 감자

2. 파 보나 마나 자주 감자.

3. 하얀 꽃 핀 건 하얀 감자

4. 파 보나 마나 하얀 감자.

1 ....

2 ....

3 ....

4 ....

....

산 샘물

권태응 | 글씨 크기 22pt

1
바위 틈새 속에서

2
쉬지 않고 송송송.

3
맑은 물이 고여선

4
넘쳐흘러 졸졸졸.

5
푸고 푸고 다 퍼도
푸고 푸고 다 퍼도

6
끊임없이 송송송.
끊임없이 송송송.

7
푸다 말고 놔두면
푸다 말고 놔두면

8
다시 고여 졸졸졸.
다시 고여 졸졸졸.

오리

권태응 | 글씨 크기 22pt

1. 둥둥 엄마 오리

2. **못** 물 위에 둥둥.

3. 동동 아기 오리

4. 엄마 따라 동동.

5. 풍덩 엄마 오리

6. 못 물 속에 풍덩.

7. 퐁당 아기 오리

8. 엄마 따라 퐁당.

못: 넓고 오목하게 팬 땅에 고여 있는 물.(=연못)

1
2
3
4
5
6
7
8

코스모스

권태응 | 글씨 크기 22pt

1. 코스모스 꽃 피면

2. 누나 생각납니다.

3. 시집간 누나 별명

4. 코스모스였어요.

땅감나무

권태응 | 글씨 크기 22pt

1
키가 너무 높으면,

2
까마귀 떼 날아와 따 먹을까 봐,

3
키 작은 땅감나무 되었답니다.

땅감나무 : '토마토'의 경상도 지방 사투리.

4 키가 너무 높으면,

5 아기들 올라가다 떨어질까 봐,

6 키 작은 땅감나무 되었답니다.

앵두

권태응 | 글씨 크기 22pt

1
빨강 빨강 앵두가

2
오볼조볼 온 가지.

3
아기들을 부른다.

4
정답게 모여라.

5
동글동글 앵두는,

6
예쁜 예쁜 열매는,

7
아기들의 차질세.

8
달궁달궁 먹어라.

1

2

3

4

5

6

7

8

춥긴 뭐 추워

권태응 글씨 크기 22pt

1
얇은 옷은 입었지만 춥긴 뭐 추워

2
발가숭이 나무들도 참고 섰네.

3
새 나라 어린이는 모두 강하지

4
밖에 나가 뛰놀면 땀방울 송송.

5 얼음 꽁꽁 얼었지만 춥긴 뭐 추워

6 꼬꼬닭도 바둑이도 맨발인데.

7 새 나라 어린이는 모두 굳세지

8 밖에 나가 뛰놀면 해님도 방긋.

더위 먹겠네

권태응 | 글씨 크기 22pt

1
타는 듯 내리쬐는 저 들판에

2
일하는 사람들 더위 먹겠네.

3
구름들아 햇볕 좀

4
가려라 가려라.

5. 죽도록 일해도 고생 많은

6. 땀 철철 농군들 더위 먹겠네.

7. 바람들아 자꾸 좀

8. 불어라 불어라.

바쁜 엄마

권태응 | 글씨 크기 22pt

1

날마다 물 여다간 밥을 짓고

2

틈틈이 실을 자선 길쌈하고

3

언제나 일 바쁜 우리 엄마.

여다간 : 이어다간.
자선 : 물레 따위로 섬유에서 실을 뽑아선.
길쌈 : 실을 내어 옷감을 짜는 일.

4
빨래도 바느질도 혼자 하고

5
들밥도 이고 가고 밭도 매고

6
언제나 일 바쁜 우리 엄마.

들밥 : 들일을 하다가 들에서 먹는 밥.

한동네 사람

권태응 | 글씨 크기 22pt

1
누구 집 논이 얼만지 모두 알고,

2
누구 집 밭이 어딨는지 모두 압니다.

3
예로부터 살아오는 한동네 사람.

4
저 개는 누구 집 개인지 그것도 알고,

5
이 소도 누구 집 소인지 모두 알지요.

6
식구처럼 모여 사는 한동네 사람.

무얼 먹고 사나

윤동주 | 글씨 크기 20pt

1. 바닷가 사람

2. 물고기 잡아먹고 살고

3. 산골엣 사람

4. 감자 구워 먹고 살고

5. 별나라 사람

6. 무얼 먹고 사나.

1 _____

2 _____

3 _____

4 _____

5 _____

6 _____

_____

조개껍질

윤동주 | 글씨 크기 20pt

1. 아롱아롱 조개껍데기

2. 울 언니 바닷가에서

3. 주워 온 조개껍데기

4. 여긴 여긴 북쪽 나라요

5. 조개는 귀여운 선물

6. 장난감 조개껍데기

7
데굴데굴 굴리며 논다
데굴데굴 굴리며 논다

8
짝 잃은 조개껍데기
짝 잃은 조개껍데기

9
한 짝을 그리워하네
한 짝을 그리워하네

10
아롱아롱 조개껍데기
아롱아롱 조개껍데기

11
나처럼 그리워하네
나처럼 그리워하네

12
물소리 바닷물 소리
물소리 바닷물 소리

아기의 새벽

윤동주 | 글씨 크기 20pt

1. 우리 집에는

2. 닭도 없단다.

3. 다만

4. 아기가 젖 달라 울어서

5. 새벽이 된다.

6
우리 집에는

7
시계도 없단다.

8
다만

9
아기가 젖 달라 보채어

10
새벽이 된다.

햇빛·바람

윤동주 | 글씨 크기 20pt

1. 손가락에 침 발라
2. 쏘옥, 쏙, 쏙
3. 장에 가는 엄마 내다보려
4. 문풍지를
5. 쏘옥, 쏙, 쏙
6. 아침에 햇빛이 반짝,

문풍지: 문틈으로 새어 들어오는 바람을 막기 위하여 문짝 주변을 돌아가며 바른 종이.

7
손가락에 침 발라
손가락에 침 발라

8
쏘옥, 쏙, 쏙
쏘옥, 쏙, 쏙

9
장에 가신 엄마 돌아오나
장에 가신 엄마 돌아오나

10
문풍지를
문풍지를

11
쏘옥, 쏙, 쏙
쏘옥, 쏙, 쏙

12
저녁에 바람이 솔솔.
저녁에 바람이 솔솔.

편지

윤동주 | 글씨 크기 20pt

1. 누나!

2. 이 겨울에도

3. 눈이 가득히 왔습니다.

4. 흰 봉투에

5. 눈을 한 줌 넣고

6 글씨도 쓰지 말고
글씨도 쓰지 말고

7 우표도 붙이지 말고
우표도 붙이지 말고

8 말쑥하게 그대로
말쑥하게 그대로

9 편지를 부칠까요?
편지를 부칠까요?

10 누나 가신 나라엔
누나 가신 나라엔

11 눈이 아니 온다기에.
눈이 아니 온다기에.

늙은 잠자리

방정환 | 글씨 크기 20pt

1. 수수나무 마나님
2. 좋은 마나님
3. 오늘 저녁 하루만
4. 재워 주셔요.
5. 아니 아니 안 돼요.
6. 무서워서요.
7. 당신 눈이 무서워
8. 못 재웁니다.

9 잠잘 곳이 없어서

10 늙은 잠자리

11 바지랑대 갈퀴에

12 혼자 앉아서

13 추운 바람 서러워

14 한숨짓는데

15 감나무 마른 잎이

16 떨어집니다.

 : 빨랫줄을 받치는 긴 막대기.

귀뚜라미 소리

방정환 | 글씨 크기 20pt

1. 귀뚜라미 귀뜨르르 가느단 소리,

2. 달님도 추워서 파랗습니다.

3. 울 밑에 과꽃이 네 밤만 자면,

4. 눈 오는 겨울이 찾아온다고,

5. 귀뚜라미 귀뜨르르 가느단 소리,

6. 달밤에 오동잎이 떨어집니다.

1 _____

2 _____

3 _____

4 _____

5 _____

6 _____

울 : 울타리
과꽃 : 국화꽃의 한해살이풀.
7~9월에 남색·붉은색·흰색 따위의
큰 꽃이 핀다.

탱자

권태응 | 글씨 크기 18pt

1
탱자 탱자

2
노랑 탱자

3
애들 몰래 동무가

4
갖다 준 탱자

5
주머니에 넣었다가

6
꺼내 봤다가.

7 탱자 탱자

8 동글 탱자

9 몇 번이고 만져도

10 즐거운 탱자

11 책상 위에 놨다가

12 코에 댔다가.

장맛비 갠 날

권태응 | 글씨 크기 18pt

1. 활짝 장맛비
2. 개었습니다.
3. 새빨간 봉숭아
4. 눈부십니다.
5. 맴 맴 매미들
6. 울어 댑니다.
7. 이젠 장맛비
8. 개었습니다.
9. 잠자리도 좋아서
10. 날아 댑니다.
11. 우리들은 고기잡이
12. 개울 갑니다.

1.

2.

3.

4.

5.

6.

7.

8.

9.

10.

11.

12.

엄마 손

권태응 | 글씨 크기 18pt

1. 엄마 손은 잠손

2. 잠이 오는 손.

3. 토닥토닥 아기 이불

4. 두드리면은

5. 솔솔 눈이 감기며

6. 잠이 들고.

7 엄마 손은 약손

8 병이 낫는 손.

9 살근살근 아기 배를

10 문지르면은

11 아픈 배가 쑥쑥

12 이내 낫고.

이내 : 바로.

추석날

권태응 | 글씨 크기 18pt

1. 하나 둘 셋 넷
2. 다섯 밤만 자면은
3. 즐거운 추석날
4. 우리 명절날.
5. 꼬까옷을 입고는
6. 차례 지내고,
7. 송편에 밤 대추
8. 맛있게 먹고,
9. 동무 찾아다니며
10. 재미나지요.
11. 어서 빨리 추석날
12. 돌아왔으면.

논밭으로

권태응 | 글씨 크기 18pt

1. 우리 식구 모두 다
2. 논밭으로.
3. 춥기 전에 곡식 걷기
4. 논밭으로.
5. 날만 새면 바빠요
6. 논밭으로.
7. 우리 식구 모두 다
8. 논밭으로.
9. **삽작문**만 닫아 놓고
10. 논밭으로.
11. 송아지도 어미 따라
12. 논밭으로.

삽작문 : 나뭇가지를 엮어서 만든 문.

둘째 마당에서는

동시 7편을 자유롭게 써 보며 나만의 글꼴을 만들어 보는 시간입니다.

크기도 자유롭게 그리고 글씨 모양도 앞서 연습한 대로 또는 조금 다르지만 나만의 개성을 살려 또박또박 동시를 써 보세요.

둘째 마당

자유롭게 나만의 글씨체 만들기

형제 별

방정환

날 저무는 하늘에
별이 삼형제
반짝반짝
정답게 지내더니
웬일인지 별 하나
보이지 않고
남은 별이 둘이서
눈물 흘리네.

여름비

방정환

여름에
오는 비는
나쁜 비야요.
굵다란 은 젓가락
나려 던져서
내가 만든
꽃밭을
허문답니다.

여름에
오는 비는
엉큼하여요.
가느단 비단실을
술술 나려서,
연못의
금잉어를
낚는답니다.

눈 뜨는 가을

서덕출

가을이 눈 한 번
힐끗 뜨더니
하늘이 파랗게
높아지고요
나뭇잎 병들어
노랗습니다.

가을이 눈 뜨면
달도 밝아서
벌레가 처량히
울음 우는 밤
나뭇잎 장례가
떠나갑니다.

도토리들

권태응

오종종 매달린 도토리들
바람에 우르르 떨어진다.

머리가 깨지면 어쩌려고
모자를 벗고서 내려오나.

날마다 우르르 도토리들
눈을 꼭 감고서 떨어진다.

아기네 동무와 놀고 싶어
무섬도 안 타고 내려온다.

햇비

윤동주

아씨처럼 내린다
보슬보슬 햇비
맞아 주자 다 같이
　옥수숫대처럼 크게
　닷 자 엿 자 자라게
　해님이 웃는다
　나보고 웃는다.

하늘 다리 놓였다
알롱달롱 무지개
노래하자 즐겁게
　동무들아 이리 오나
　다 같이 춤을 추자
　해님이 웃는다
　즐거워 웃는다.

햇비 : 햇볕이 나 있는 날 잠깐 오다가 그치는 비를 '여우비'라 하는데 '여우비'의 사투리를 '햇비'라 한다.

두껍아 두껍아

전래 동요

두껍아 두껍아
흙집 지어라
두껍아 두껍아
흙집 지어라

개미는 흙 나르고
황새는 물 긷고
까치가 밟아도 따안딴
황소가 밟아도 따안딴

두껍아 두껍아
흙집 지어라
두껍아 두껍아
흙집 지어라

헌 집은 무너지고
새 집은 튼튼하고
굼벵이가 살아도 따안딴
토끼가 살아도 따안딴

소나무

김시습

복숭아꽃은 붉고
버들은 푸르러

삼월은
저물었네.

푸른 바늘로
구슬을 꿰니

솔잎에 총총
이슬이 맺히네.

함께하면 좋은 책

초등학교 교과서 등에 실린 아름다운 우리말로 쓴 동시
순수하고 맑은 어린이의 마음을 글로 표현한 동시와 동요는 유쾌함과 재미 그리고 감동을 줍니다.
순수한 동심을 표현한 강소천, 박목월, 권정생, 최계락 외 16명의 동시와 동요 45편을 반듯한 글씨체로 따라 쓰기 연습할 수 있습니다.

바른 손글씨 동시 쓰기 45
값 8,500원

값 8,500원

값 8,500원

값 8,500원

직업체험 페이퍼 크래프트
컬러링 + 종이 오리기 + 만들기
68쪽 | 값 12,000원

직업체험 페이퍼 크래프트 2탄
종이 오리기 + 만들기
88쪽 | 값 12,800원